Les Républiques de l'Amérique du Nord

Revue des deux Mondes 15 oct. 1866.

LES RÉPUBLIQUES

DE

L'AMÉRIQUE DU SUD

LEURS GUERRES ET LEUR PROJET DE FÉDÉRATION

I. *Union latino-americana, pensamiento de Bolivar,* por J. M. Torres Caicedo; Paris, Rosa y Bouret, 1865. — II. *Proyectos de tratado para fundar una liga sud-americana,* presentados por los plenipotenciarios del Ecuador, de Bolivia, de Chile, del Peru, de los Estados-Unidos de Colombia, etc.

Au point de vue purement géographique, la plus grande partie de l'Amérique du Sud est admirablement disposée pour être habitée par des peuples unis. Ce continent, plus simple encore dans son architecture que ne l'est l'Amérique du Nord, elle-même si remarquable par son caractère d'unité, peut être considéré dans son ensemble comme une longue série de montagnes et de plateaux se dressant parallèlement au Pacifique et s'affaissant par degrés à l'est pour former une immense plaine doucement inclinée. Si l'Amérique méridionale ressemble à l'Afrique par ses contours généraux, elle en diffère singulièrement par la structure interne et l'harmonie parfaite de toutes ses parties. Tandis que la plupart des contrées du littoral africain sont complétement isolées les unes des autres et forment autant de territoires distincts à cause des solitudes et des terres inconnues qui les séparent, le seul aspect de la carte montre que les divers pays de l'Amérique du Sud, appuyés sur la grande épine dorsale des Andes, arrosés par les tributaires des mêmes fleuves, sont dans une intime dépendance mutuelle : comparables

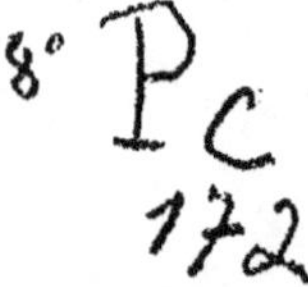

aux perles d'un collier, ils constituent par leur union un ensemble géographique de la plus frappante simplicité.

A l'exception des contrées orientales, peuplées par une nation d'origine portugaise, et de la zone marécageuse des Guyanes, où se sont installés quelques milliers de planteurs anglais, français et hollandais, toute l'Amérique du Sud, — c'est-à-dire les régions andines et les grandes plaines fluviales, — est habitée par des hommes de races mélangées formant de leurs élémens épars une nouvelle race de plus en plus homogène. Les colons des diverses parties de l'Espagne, qui pendant trois siècles ont été presque les seuls Européens du continent, se sont partout alliés aux Indiennes, et de ces croisemens est née une population nouvelle qui tient à la fois de l'Espagnol par son intelligence, son courage, sa sobriété, et de l'aborigène par sa force passive, sa ténacité, sa douceur naturelle. Même dans les pays où les Espagnols se disent purs d'origine, comme au Chili et sur les plateaux grenadins, un mélange s'est opéré entre les conquérans et les familles des vaincus, et les Chiliens peuvent en conséquence se dire aussi bien les fils des Araucans que ceux des compagnons d'Almagro. Non-seulement les aborigènes sont ainsi entrés d'une manière indirecte dans la grande famille des nations latines; mais en outre la plupart des tribus sauvages se sont peu à peu groupées autour de la population créole. Elles en ont adopté partiellement les mœurs, et par leur fraternité d'armes durant la guerre de l'indépendance sont devenues un seul et même peuple avec leurs oppresseurs d'autrefois. Sur les côtes, un petit nombre de nègres, issus des anciens esclaves africains, ont contribué au mélange des races; mais ce troisième élément n'a qu'une faible importance relative, et le fond des populations andines reste d'une manière presque exclusive le produit des deux races espagnole et américaine. A ces nations du continent du sud, il faut encore ajouter celles de l'Amérique centrale et du Mexique, également latines et indiennes par leurs ancêtres. De l'estuaire de la Plata aux bouches du Rio-Bravo et du Colorado, sur un espace occupant environ 10,000 kilomètres de longueur, vivent plus de 26 millions d'hommes parlant tous la même langue, se rattachant tous au sol américain par leurs aïeux indigènes et participant aux mêmes souvenirs historiques par les traditions de la mère-patrie et les efforts communs tentés contre les Espagnols pendant quinze années de luttes.

Malheureusement ces nations, désunies par les guerres intestines, séparées les unes des autres par de vastes solitudes et même par des régions inexplorées, ne sont point encore un groupe de peuples frères : leur unité, si bien indiquée par la nature et par l'origine, ne s'est point encore réalisée en politique. Toutefois cette union est l'idéal des Américains qui ont véritablement à cœur la prospérité de leur patrie, et la masse même du peuple commence à partager ces vœux de fédération. Déjà de nombreuses tentatives ont été faites dans ce sens et plusieurs ont partiellement abouti. Aujourd'hui même une ligue offensive et défensive unit quatre des plus puissantes républiques de l'Amérique espagnole, ayant ensemble près de 8 millions d'habitans et de grandes ressources navales et financières. Que cette ligue soit destinée à devenir le noyau d'une fédération hispano-américaine ou qu'elle disparaisse pour faire place à d'autres combinaisons, il est certain que l'union de plusieurs peuples au nom de la liberté commune aura les conséquences les plus heureuses pour l'avenir de tous les états du continent colombien. Afin d'apprécier à sa juste valeur un fait historique d'une telle importance et de se rendre compte des changemens d'équilibre qui peuvent en résulter, il importe donc de connaître les projets d'union qui ont été formés à une époque antérieure et les commencemens d'exécution qu'ils ont reçus. C'est là une étude que facilite singulièrement l'ouvrage complet et accompagné de documens officiels que M. Torres Caicedo a publié récemment sur cette question.

I.

Avant même qu'un seul homme d'état eût formulé la théorie de la ligue américaine, elle était déjà mise temporairement en pratique, puisque, du plateau de l'Anahuac aux rives de la Plata, les insurgés combattaient le même ennemi, et que même, en de nombreuses batailles, les pâtres argentins avaient pour compagnons d'armes les montagnards du Venezuela et de la Nouvelle-Grenade. La lutte contre l'adversaire commun avait uni tous les créoles américains dans une même armée. Pendant quelques années, les hommes qui s'étaient mis à la tête du mouvement purent croire que les diverses provinces de l'Amérique du Sud se constitueraient en une vaste confédération, et que l'ancienne unité, existant au profit du despotisme espagnol, se rétablirait entre peuples libres au profit de la grandeur nationale. Ils espéraient que la fraternité d'armes victorieusement affirmée sur les champs de bataille pourrait être transformée en une solide union des peuples eux-mêmes. Dès l'année 1822, au plus fort de la guerre contre l'Espagne, le libérateur Bolivar invita formellement les gouvernemens du Mexique, du Chili, du Pérou et de Buenos-Ayres à se grouper en confédération et à procéder immédiatement à la convocation d'une assemblée ayant pour mission d'établir une ligue permanente entre les peuples affranchis. En réponse à cet appel, la Colombie, le Pérou et Buenos-

Ayres se contentèrent de signer une alliance défensive contre toute
attaque de l'Espagne ou d'une autre nation étrangère; mais cette
alliance n'était guère que la simple constatation de la lutte commune contre la métropole. Aussitôt après la fin des hostilités, Bolivar, alors dictateur du Pérou, s'empressa de recommander de
nouveau aux républiques latines de l'Amérique l'idée d'un congrès
central « réuni sous les auspices de la victoire. » La plupart des
gouvernemens intéressés répondirent avec cet enthousiasme facile
des Hispano-Américains. Le président de la Colombie alla même
jusqu'à dire que « l'œuvre projetée de l'union était un fait dont
l'importance n'avait point été égalée depuis la chute de l'empire
romain; » mais cette œuvre, personne ne l'accomplit. Les difficultés
des communications, la lassitude causée dans tout le pays par la
sanglante guerre qui venait de finir, la profonde ignorance des populations, le manque d'intérêts matériels communs entre des pays
éloignés de plusieurs milliers de kilomètres les uns des autres, em-
pêchèrent de donner suite au projet de Bolivar. Ses invitations de-
venaient pourtant de plus en plus pressantes, car la France légiti-
miste menaçait alors de reprendre au nom du droit divin la cause
que venait d'abandonner provisoirement l'Espagne. Dans son effroi,
le grand homme de guerre allait même jusqu'à demander que le
congrès des plénipotentiaires américains fût érigé en un comité de
salut public indépendant de ses mandataires, et disposant d'une
flotte puissante, ainsi que d'une armée de 100,000 hommes.

Enfin, vers le milieu de l'année 1826, un simulacre de congrès,
composé seulement des mandataires du Pérou, de la Colombie, de
l'Amérique centrale et du Mexique, se réunit à Panama, que l'on
avait choisi comme le point le plus facile d'accès dans l'immense
étendue des contrées hispano-américaines. Les délégués rédigèrent
à la hâte un traité de ligue fédérative entre les états qu'ils re-
présentaient et décidèrent la formation d'une armée commune de
60,000 hommes; mais leurs décisions ne furent validées que par la
seule république de Colombie, et cet état même ne fit aucun effort
pour mettre son vote à exécution. Tel fut l'avortement d'un projet
duquel on avait attendu des résultats si grandioses. Bolivar, dont
les espérances s'évanouissaient ainsi, comparait tristement le congrès de Panama à un pilote fou qui, du rivage de la mer, essaierait
de guider un navire secoué par les tempêtes du large.

Après cette vaine tentative de confédération, les gouvernemens
sud-américains se bornèrent à échanger de temps en temps quelques notes sur cette question pourtant si vitale, et plus de vingt
ans s'écoulèrent sans qu'une nouvelle assemblée de délégués fût
convoquée. Seulement à la fin de 1847, c'est-à-dire à la veille de
cette époque révolutionnaire si féconde dans les pays d'Europe en

événemens de toute sorte, un deuxième congrès, composé des plénipotentiaires du Chili, de la Bolivie, du Pérou, de l'Équateur et de la Nouvelle-Grenade, c'est-à-dire des cinq républiques assises sur les rivages de la Mer du Sud, se réunit à Lima pour négocier un traité d'union fédérative. Ce congrès, moins ambitieux et plus sensé que celui de Panama, ne vota point la formation d'une grande armée; il s'occupa modestement d'examiner dans quelles circonstances il serait utile de constituer la ligue des nations sud-américaines, et de quelle façon on procéderait à cette alliance; en même temps il prévoyait aussi le cas d'une guerre possible entre les républiques confédérées, et traçait aux états neutres la ligne de conduite qu'ils auraient à suivre en cette occurrence. Un traité de commerce et de navigation, où pour la première fois le principe de la liberté des fleuves était proclamé, complétait l'œuvre des plénipotentiaires de Lima. Toutefois les grands événemens et les luttes intestines qui agitaient alors le Nouveau-Monde effacèrent promptement le souvenir des travaux du congrès.

Cependant un nouveau danger, venant cette fois, non des puissances monarchiques de l'Europe occidentale, mais de la remuante oligarchie esclavagiste des états anglo-américains, menaça bientôt l'indépendance des républiques espagnoles. Le flibustier Walker, porte-glaive de cette chevalerie du cycle d'or dont la grande conspiration contre la liberté des peuples n'est pas encore assez connue, avait envahi le Nicaragua à la tête de ses bandes; des sénateurs, des ministres de l'Union américaine, le président lui-même, proclamaient insolemment la doctrine de la « destinée manifeste » en vertu de laquelle les républiques méridionales devaient tôt ou tard, de gré ou de force, devenir la proie de ces Anglo-Saxons envahissans qui s'étaient déjà fait concéder la moitié du Mexique. Dans l'espérance des hommes qui dirigeaient alors la politique des États-Unis, Lopez et Walker n'étaient que l'avant-garde des armées qui devaient annexer successivement toutes les nations espagnoles pour les fondre dans le « grand empire indien de l'occident. » Sous le coup de l'émotion qui saisit la plupart des états de l'Amérique latine, un nouveau congrès se réunit en 1856 à Santiago de Chili pour y conclure un traité « continental » de défense contre l'invasion étrangère. Les seules parties représentées étaient le Chili, le Pérou et l'Équateur; mais les autres républiques, y compris le Paraguay, s'empressèrent pour la plupart d'accéder au traité. Peut-être cette nouvelle convention ne fût-elle pas restée un vain mot comme les précédentes, si les diverses révolutions fomentées dans l'Équateur et dans la Nouvelle-Grenade par quelques prétendans n'avaient malheureusement détourné l'attention de ces derniers pays vers leurs affaires intérieures.

Cependant l'idée de la ligue américaine ne devait plus être abandonnée. Désormais elle n'était plus seulement dans les vœux de quelques patriotes intelligens, elle commençait à passionner le peuple lui-même dans les républiques les plus avancées. Pendant les années qui suivirent les négociations relatives au traité continental, les divers gouvernemens ne cessèrent d'échanger des notes relatives à cette question, et, ce qui vaut encore mieux, les journaux et les assemblées politiques de toute l'Amérique du Sud reprirent et discutèrent de plus en plus sérieusement les projets d'union fédérative. Dès le mois de janvier 1864, le cabinet péruvien était poussé par l'opinion publique à proposer un nouveau congrès américain, et la plupart des états s'empressèrent d'envoyer leur adhésion.

Le moment était bien choisi, car jamais, depuis la guerre de l'indépendance, pareil danger n'avait menacé les jeunes républiques du Nouveau-Monde. Depuis deux années déjà, le Mexique était envahi par des troupes européennes ayant pour mission non-seulement de demander la réparation de certains griefs, mais aussi d'aider à la fondation d'une monarchie. Une forte armée espagnole ayant pour base d'approvisionnemens l'île si riche de Cuba avait fait irruption à Saint-Domingue « pour répondre aux vœux des bons citoyens » de cette ancienne colonie, et, non content de cette tâche, le gouvernement de Madrid cherchait encore de nouvelles difficultés avec le Pérou. Enfin, au sud du continent, on commençait à voir la main du Brésil dans la conspiration de Florès contre la Bande-Orientale. Un fait des plus graves est que toutes ces agressions coïncidaient avec la guerre civile des Américains du nord, et que dans cette lutte les puissances de l'Europe occidentale avaient singulièrement favorisé les rebelles en se hâtant de leur reconnaître les droits de belligérans, même en laissant des corsaires s'armer et se ravitailler dans leurs ports et leurs arsenaux. Les États-Unis s'étant depuis longtemps posés comme les adversaires à outrance de toute intervention des gouvernemens d'Europe dans les affaires intérieures de l'Amérique, on voyait en eux les gardiens jaloux de l'indépendance des républiques sœurs, et c'est précisément l'époque où l'Union était engagée elle-même dans une terrible lutte que choisissaient les puissances européennes et le Brésil pour attaquer sur plusieurs points à la fois les Hispano-Américains. N'était-il pas naturel de croire, à la vue de ces événemens, qu'ils faisaient partie d'un grand projet de restauration monarchique dirigé contre toutes les républiques du Nouveau-Monde? Les diverses interventions qui ont eu lieu dans les états de l'Amérique espagnole peuvent être en partie des faits sans rapport direct avec la grande rébellion des planteurs; mais ils s'y rattachent historiquement, et l'on ne saurait douter que la postérité les embrasse d'un même regard. Qu'une entente préalable ait eu lieu entre les divers gouvernemens qui sont intervenus dans les affaires des républiques américaines, ou, ce qui est possible, que chacun ait suivi d'instinct sa politique particulière, il n'en est pas moins vrai que l'Espagne, la France, l'empire du Brésil, et dans une faible mesure l'Angleterre elle-même, ont saisi l'occasion favorable de la guerre civile des Américains du nord pour chercher à procurer aux républiques du Nouveau-Monde soit « les bienfaits des institutions monarchiques, » soit plus modestement « la paix, l'ordre et la prospérité. » L'histoire future ne verra point dans ces faits une coïncidence fortuite.

Quant aux populations directement intéressées, elles y virent l'effet d'un plan concerté d'avance. On sait quelle profonde irritation l'attitude des puissances européennes a causée aux États-Unis. On sait que, depuis le rétablissement de l'Union, les diplomates de Washington ne négligent aucune occasion de faire parade des ressources de leur nation en s'adressant aux cabinets de l'Europe occidentale : c'est avec un plaisir malin assez peu déguisé qu'ils voient les embarras de la France dans les affaires mexicaines et les terreurs de leurs voisins du Canada menacés par les invasions des *fenians*. Sans aucun doute les grandes et déplorables démonstrations d'amitié qu'ils font à l'empire russe doivent être aussi attribuées pour une forte part au désir qu'ils ont de chagriner les gouvernemens d'Europe dont ils croient avoir à se plaindre. Toutefois les alarmes de la nation anglo-américaine n'avaient été que peu de chose, comparées à l'émoi des populations du continent colombien. Celles-ci, s'exagérant le danger à cause de leur faiblesse relative, croyaient déjà que les pays libres de l'Amérique espagnole étaient divisés d'avance en trois ou quatre grands empires, dont l'un, s'étendant de l'isthme de Panama aux frontières de la Californie, avait pour souverain choisi l'empereur Maximilien. Quant au sort réservé au reste de l'Amérique espagnole, les idées différaient à cet égard; on ne doutait pas néanmoins que plusieurs républiques ne fussent désignées comme devant faire retour à l'Espagne, leur ancienne métropole, ni que le Brésil ne tentât d'obtenir pour son immense territoire la frontière du Parana. On savait aussi que le parti conservateur de Quito avait ouvertement invoqué le protectorat de la France, et l'on se demandait avec appréhension si ces vœux de suicide national n'avaient pas été favorablement accueillis aux Tuileries. Ainsi, disait-on, si les projets des puissances monarchiques devaient se réaliser, il ne resterait plus dans le Nouveau-Monde que la république des *Yankees*, et celle-ci, réduite à la défensive par les esclavagistes vainqueurs, en viendrait peut-être à se scinder. elle-même en plusieurs états et à modifier son gouvernement. Les principes républicains ayant alors perdu le solide point d'appui que leur donnent les jeunes sociétés américaines, le maintien des institutions monarchiques dans le monde entier eût été dès lors à jamais assuré. Ce plan, que les assemblées politiques et les journaux discutaient avec la plus grande sincérité, comme s'il eût été vraiment combiné de toutes pièces, n'existait sans doute avec cette netteté que dans les imaginations; mais il ne faut pas moins en tenir compte, car, sous les événemens qui se pressent, l'instinct populaire devine souvent mieux que les hommes d'état eux-mêmes le mobile secret qui les a fait agir, et révèle ainsi le vrai sens de l'histoire.

Lorsque le congrès américain se réunit à Lima le 14 novembre 1864, l'orage attendu venait d'éclater sur le Pérou. Un commissaire de la reine d'Espagne, prenant le même titre que les anciens gouverneurs castillans des colonies d'Amérique, avait déjà, au mépris de la souveraineté péruvienne, exigé réparation de griefs d'une valeur fort douteuse, et sans daigner déclarer la guerre, par simple mesure de « revendication, » l'amiral Pinzon s'était emparé des îles à guano, qui sont le véritable trésor de la république. Cependant le général Pezet, personnage timoré qui redoutait surtout de déplaire aux représentans des puissances européennes, ne semblait point avoir ressenti l'outrage fait à la nation, il traitait secrètement avec le commissaire espagnol, et la chambre elle-même reculait devant une déclaration de guerre. Lorsque, poussés à bout par les exigences de l'Espagne, les députés se furent enfin décidés, et qu'à la presque unanimité ils eurent résolu d'opposer la force à la force, le congrès américain, où se trouvaient représentées toutes les républiques intéressées, à l'exception de celles de la Plata et du Mexique, n'eut pas le courage de participer par son attitude à la résolution des Péruviens; il intervint auprès du gouvernement de Lima pour lui conseiller la prudence, lui fit rapporter la déclaration de guerre, et tenta par des offres directes, mais inutiles, de servir de médiateur entre le Pérou et l'amiral espagnol. Ainsi que les événemens l'ont prouvé plus tard, cette prudence apparente n'était que pusillanimité : si le Pérou avait osé maintenir sa déclaration d'hostilités au risque de voir son commerce interrompu et de perdre sa flottille, le président n'aurait point eu l'humiliation de signer un indigne traité, et la guerre civile eût été évitée. Le congrès ne pouvait donc se vanter d'avoir sauvegardé l'honneur du pays, et ses travaux devaient par conséquent rester frappés de stérilité; cependant c'est déjà une chose des plus importantes et sans précédent qu'une assemblée composée des plénipotentiaires de la plupart des républiques ait pris une part directe au gouvernement de l'une d'entre elles et tenté de représenter en face de l'étranger

l'union des peuples du continent. Dès l'année suivante, les péripéties de la guerre avec l'Espagne cimentaient une plus intime union,
à la fois offensive et défensive. Quatre des principaux états de l'Amérique du Sud, le Chili, la Bolivie, le Pérou, l'Équateur, réalisaient
enfin ce que les congrès avaient jadis vainement discuté.

II.

Désormais, on peut le dire sans témérité, les républiques de l'A-
mérique du Sud peuvent être considérées comme à l'abri de toute
attaque sérieuse d'une puissance européenne. Non-seulement les
États-Unis, sortis de la guerre plus redoutables qu'autrefois, se
croiraient peut-être tenus d'intervenir par leur diplomatie ou par
leurs armes, si quelque atteinte trop grave était portée à l'autonomie des populations hispano-américaines, mais encore celles-ci
ont déjà prouvé qu'elles sont capables de se défendre elles-mêmes.
La petite république dominicaine, qui compte à peine 200,000 habitans de race mêlée et ne saurait par conséquent mettre sur pied
qu'une armée numériquement très faible, a forcé la fière Espagne,
après vingt mois de lutte, à la dégager du serment de loyauté
qu'elle était censée, suivant les rapports officiels, avoir prêté avec
tant d'enthousiasme. Le Chili, grâce à son éloignement des pos-
sessions espagnoles, grâce surtout au patriotisme et à l'intelligence de ses habitans, est sorti presque sans dommage de la guerre
que lui avait déclarée son ancienne métropole; avec ses petits
vaisseaux portant quelques centaines de matelots, il a vaillamment
bravé la puissante flotte de son adversaire, et n'a laissé d'autre
ressource à l'amiral Nuñez que de bombarder la ville sans défense de Valparaiso. Bientôt après les Péruviens, comprenant, par
l'exemple de ce qui venait de se passer à Valparaiso, qu'il vaut
mieux compter sur son propre courage que sur la générosité de
l'ennemi, repoussaient la force par la force, et les canons de Callao
vengeaient la barbarie inutile commise précédemment par les ordres du ministère espagnol. La flotte avariée de l'amiral Nuñez dut
battre en retraite vers les Philippines et Rio de Janeiro, et donner
ainsi aux républiques alliées un répit qu'elles mettront certainement à profit. Si la guerre a pris temporairement un caractère
platonique par suite de la retraite des vaisseaux espagnols, le Chili,
le Pérou, la Bolivie et l'Équateur n'en continuent pas moins d'armer leurs côtes, d'agrandir leur flotte, devenue déjà fort respectable, et de faire appel contre l'ennemi commun à l'aide des autres
nations américaines. Leur puissance s'accroît incessamment pour
l'offensive, et les bruits souvent répétés de soulèvemens ou d'invasions à Cuba et à Porto-Rico sont un signe avant-coureur de ce

que la politique imprudente de l'Espagne pourra lui coûter un jour.

Quant au Mexique, il est toujours en partie occupé par des troupes européennes, et sa capitale est le siége d'un empire dont les frontières indécises changent de jour en jour suivant les diverses alternatives de combats incessans. Toutefois il est désormais permis de prédire, sans un grand effort d'imagination, qu'un nouveau changement politique va s'accomplir à Mexico, et qu'un gouvernement conforme aux traditions du pays succédera au règne éphémère de Maximilien. Le prochain départ des troupes françaises, la désorganisation des finances impériales et l'empressement avec lequel on proclame la déchéance du nouveau souverain dans chaque ville et chaque bourgade abandonnée par ses soldats font de la restauration prochaine de la république mexicaine un événement facile à prévoir. Alors la doctrine dite de Monroe, à laquelle les nations américaines ont graduellement donné une signification de plus en plus large, sera sérieusement respectée par les puissances monarchiques de l'Europe; toute intervention efficace de l'Espagne, de la France ou de l'Angleterre deviendra impossible, et par conséquent l'une des principales causes qui arrêtaient les jeunes états de l'Amérique dans leur essor aura disparu. En grande partie maîtres de leur destinée, c'est principalement à eux-mêmes qu'ils devront s'en prendre de leurs guerres et de leurs révolutions futures.

Néanmoins, si les anciennes colonies espagnoles n'ont plus à craindre de retomber sous la domination d'un peuple d'Europe, quelques-unes d'entre elles ont à redouter les envahissemens d'une puissance occupant comme elles une partie du territoire américain. Le Brésil, groupe de plateaux que le Parana et les affluens de l'Amazone séparent de la base orientale des Andes, constitue un territoire distinct du reste du continent, et les populations qui se sont établies sur ces plateaux diffèrent par l'origine, la langue, les institutions, les mœurs, de celles des autres parties de l'Amérique. Le contraste qui existe entre le Brésil et les régions andines est également frappant sous le double rapport de la géographie et de l'ethnologie. D'un côté, les Hispano-Indiens occupent les vallées d'une haute chaîne de montagnes; de l'autre, les fils des Portugais et des noirs d'Afrique peuplent un massif isolé qu'entourent les mers et d'immenses plaines de marécages et de forêts; à l'ouest des nations affranchies, à l'est un mélange d'habitans dont le tiers se compose de misérables esclaves sans patrie et sans droit. Le contraste offert par les deux groupes de populations qui se partagent l'Amérique du Sud est donc complet, et malheureusement, dans l'état de barbarie qui est encore à tant d'égards celui de la race humaine, cette opposition ne peut que donner lieu à de sanglantes guerres. La lutte qui pendant tant de siècles avait divisé les deux peuples de la péninsule ibérique, Espagnols et Portugais, s'est continuée de l'autre côté des mers et sur un territoire bien plus vaste que la petite presqu'île européenne.

Au nord et à l'ouest des anciennes colonies portugaises, l'immensité des espaces solitaires qui les séparent des contrées habitées par les descendans des Espagnols a jusqu'à nos jours empêché tout conflit sérieux. Seulement le Brésil a pu, grâce à l'unité de vues et à la persévérance de ses diplomates, triompher provisoirement dans toutes les questions de limites de la résistance des gouvernemens éphémères qui se succédaient dans les républiques limitrophes, et de cette manière il s'est adjugé sans coup férir d'immenses étendues inexplorées, dont les seuls habitans sont des Indiens sauvages. Sur la carte, le Brésil s'est ainsi agrandi aux dépens de la Bolivie, du Pérou, de l'Équateur, de la Nouvelle-Grenade et du Venezuela d'une surface de plusieurs centaines de millions d'hectares; mais la force réelle de l'empire ne s'est en rien accrue de cette énorme adjonction apparente de territoire. Dans le conflit des deux races, la prépondérance restera nécessairement à ceux chez lesquels la liberté humaine est le plus respectée.

Du côté du sud et du sud-ouest, où non-seulement les domaines contestés confinent les uns aux autres, mais où les populations elles-mêmes sont assez rapprochées pour se faire la guerre, la lutte a été presque constante pendant trois siècles. Les colons de race ennemie étaient dès le berceau voués à se combattre, et les traités d'alliance conclus en Europe entre les deux métropoles n'empêchaient point les *mamelucos* de São-Paulo de continuer leur chasse à l'homme dans les Missions espagnoles. Dans le siècle actuel, cette lutte de races s'est graduellement régularisée, mais elle n'en continue pas moins sous des formes différentes, et l'enjeu de la lutte a toujours été la possession des grands fleuves de l'intérieur et du port de Montevideo. Tantôt vainqueurs, tantôt vaincus, les Portugais et leurs héritiers les Brésiliens avaient tour à tour conquis et perdu la souveraineté de l'une des rives de la Plata. Ils viennent enfin d'atteindre partiellement leur but en installant à Montevideo comme président de la Bande-Orientale le général Florès, commandant un de leurs corps d'armée. Ils ont fait plus encore, car ils ont réussi à tourner les forces d'une république contre une autre république, ils ont eu l'art de prendre pour avant-garde de leurs troupes d'invasion les soldats de Buenos-Ayres, et par cette habile combinaison ils ont fait partager la responsabilité et le poids de la lutte à leurs ennemis héréditaires. Ils espèrent ainsi s'emparer, à titre d'amis, de cette frontière naturelle du Parana, qu'il leur serait plus malaisé de conquérir en ennemis.

Aux débuts de la guerre du Paraguay, c'est-à-dire en mai 1865, les alliés étaient superbes d'espoir et de jactance : c'est au pas de course, c'est au galop de leurs chevaux, que les soldats de Mitre, de Florès et d'Osorio devaient s'élancer à la conquête des pays convoités. Lorsque après avoir pendant des années travaillé sourdement contre l'indépendance de Montevideo, rivale de Buenos-Ayres, le président Mitre fut enfin obligé par le Paraguay de jeter le masque et de se ranger ouvertement du côté des Brésiliens, on eût dit qu'il prenait la foudre en main, tant on s'empressait autour de lui à célébrer son prochain triomphe. « Nous venons de décréter la victoire, » s'écria-t-il en déposant la plume qui venait de signer le traité d'alliance avec le Brésil. « Dans les casernes aujourd'hui, demain en campagne, dans trois mois à l'Assomption! » telle était la fière parole que les admirateurs du général Mitre avaient entendue tomber de sa bouche. Depuis ce jour, où le succès semblait si facile à obtenir, plus de seize mois se sont écoulés, pendant lesquels bien des combats ont été livrés et bien des milliers de vies sacrifiées inutilement. Les dates que de temps en temps on se permet de fixer d'avance pour la prise de l'Assomption doivent être de plus en plus espacées à cause de difficultés imprévues. Le général Urquiza, qui devait, à la tête de ses cavaliers, frayer la voie aux armées du Brésil et de Buenos-Ayres, s'est bientôt retiré prudemment à l'arrière-garde, puis est revenu dans sa riche *estancia* pour se faire le grand fournisseur de vivres des alliés et leur vendre à lourds deniers le bétail et les céréales. Non-seulement l'Assomption n'est pas tombée dans les trois mois aux mains des alliés, mais, bien que de nombreuses dépêches aient souvent annoncé la destruction complète des forces paraguayennes, ni le général Mitre ni l'amiral Tamandaré n'ont encore pu tourner un seul de leurs canons contre les murs de la forteresse d'Humayta, qui défend l'entrée de la république. L'unique conquête des alliés est celle de l'*Estero-Bellaco*, savane humide pendant la saison des pluies, poudreuse pendant les sécheresses, mais entourée en toute saison de marécages d'où sort la fièvre, bien plus terrible que les boulets. Jusqu'à présent, le président Mitre, même accompagné de 30,000 Brésiliens, semble devoir être encore moins heureux que le général Belgrano dont il s'est fait l'historiographe, car ce héros, qui tenta vainement de conquérir le Paraguay pour le soumettre à la couronne de Ferdinand VII, alla du moins se faire battre aux portes de l'Assomption.

Ce n'est pas que dans leur défense les chefs de l'armée paraguayenne aient toujours été d'habiles stratégistes (1). Au contraire, ils ont commis des fautes graves; mais ces fautes, provenant surtout

---

(1) Nous renvoyons le lecteur à la livraison du 15 septembre 1866, qui renferme une étude où sont racontés tous les événemens de la campagne jusqu'après la bataille de Tuyuti.

de l'inexpérience militaire, ont été depuis glorieusement réparées. Les Paraguayens se sont lentement retirés de la province de Corrientes qu'ils avaient envahie, mais en se retirant ils ne cessaient de harceler l'ennemi, de battre en détail ses avant-gardes, de lui prendre ses convois de vivres. Ces hommes, que l'on représentait d'abord comme un ramassis de fuyards, ont eu presque toujours le privilége de l'offensive; les commandans de l'armée alliée, mal soutenus par l'amiral Tamandaré, qui n'a pas d'ordres à recevoir du général en chef Mitre, ont été le plus souvent prévenus par le général Lopez dans leurs préparatifs d'attaque, et malgré la grande supériorité de leurs forces et leur puissante artillerie ils n'ont pu chaque fois rendre la lutte indécise qu'après avoir assisté à la déroute de leurs troupes les plus avancées. Même, lorsque les alliés occupaient déjà la rive gauche du Parana, un faible corps de Paraguayens, franchissant inopinément le fleuve, vint engager la lutte contre une armée entière, et ne se retira qu'après avoir maintenu pendant trois jours sa position sur le champ de bataille de San-Cosme. Enfin à Tuyuti, dans ce conflit qui fut probablement le plus sanglant de toute l'histoire de l'Amérique du Sud, les alliés se sont de nouveau laissé surprendre, et bien qu'ils disent être sortis vainqueurs de cette journée, ils n'en ont pas moins dû rebrousser chemin pour se réfugier sous les canons de leur flotte dans les terres noyées où le typhus les décime (1). Près de deux mois après le terrible choc de Tuyuti, les Brésiliens, renforcés par 6 ou 7,000 hommes que leur amenait le baron de Porto-Alegre, ont à leur tour pris l'offensive; mais cette fois encore ils ont été rejetés dans leur campement marécageux après avoir perdu leurs meilleures troupes et quelques-uns de leurs chefs les plus vaillans. Ils sont de nouveau condamnés à attendre des renforts, des vivres et des munitions de guerre, heureux encore si les arrivages espérés suffisent à compenser les pertes de chaque jour!

Pour atteindre l'Assomption et remporter ainsi la victoire « décrétée » le 1er mars 1865, les alliés ou plutôt les Brésiliens, car les Orientaux sont réduits à quelques centaines et les Argentins à quelques milliers d'hommes, ont donc beaucoup à faire. S'ils veulent suivre jusqu'à la capitale du Paraguay le chemin qu'ils ont choisi, il faut d'abord qu'ils se dégagent de leurs marais et de la ligne de circonvallation qui commence à les entourer; ils ont ensuite à prendre d'assaut le camp retranché dans lequel s'est établie l'armée de Lopez, puis à s'emparer successivement des forts de Curupayti et de ceux d'Humayta, la citadelle la plus formidable de l'Amérique du Sud; s'ils réussissent à forcer ainsi la porte

____

(1) Le mot de *tuyuti* signifie en langue guarani le *pays des marais*.

du Paraguay, il leur restera la tâche difficile de traverser sans encombre un pays semé d'obstacles et systématiquement ravagé par ses propres habitans, et c'est après avoir heureusement accompli cette marche aventureuse qu'ils pourront enfin investir l'Assomption, qui est aussi une place forte et facile à défendre. On le voit, l'entreprise n'est pas des plus aisées, et si les généraux brésiliens, effrayés à bon droit d'avoir choisi une pareille route, veulent modifier leur plan d'invasion, ils devront, si cela est possible, commencer par évacuer leurs positions actuelles, en accordant ainsi au président Lopez le prestige d'une première campagne victorieuse. Dans tous les cas, les énormes sacrifices que devra s'imposer le Brésil seront hors de proportion avec ceux qui ont été faits jusqu'ici, et ne pourraient être compensés par le produit du pillage du Paraguay tout entier.

Ce qui pouvait d'abord donner quelques doutes sur l'issue probable de la campagne, c'est qu'on ignorait, au milieu du conflit des assertions contradictoires, si les Paraguayens étaient simplement de timides Guaranis, tremblant devant leur *supremo* comme devant un dieu, ou bien s'ils étaient hommes à aimer fortement leur patrie et leur indépendance nationale. Aujourd'hui le doute n'est plus permis. Si les populations du Paraguay étaient vraiment des troupeaux asservis, ce serait un phénomène nouveau dans les annales de l'humanité que des esclaves puissent combattre avec une pareille vaillance. Les faits que l'on cite d'eux, et qui pour la plupart sont racontés par leurs ennemis eux-mêmes, sont presque merveilleux d'audace, et, s'ils n'ont pas été accomplis suivant les règles de la tactique ordinaire, ils n'en prouvent que mieux combien est énergique et plein d'élan ce soldat paraguayen que l'on dépeignait comme une machine. A Tuyuti, les artilleurs montent en croupe derrière les cavaliers, s'élancent avec eux au milieu des batteries ennemies et bondissent sur les pièces pour en sabrer les défenseurs, s'atteler aux affûts et traîner ces trophées en dehors des lignes brésiliennes. De pareils faits ne sont-ils inspirés que par de simples ordres de Lopez ou bien témoignent-ils d'une véritable initiative guerrière? Du moins on ne saurait dire qu'ils sont accomplis par des mercenaires, car la république n'est pas assez riche pour donner une solde à ses défenseurs.

D'ailleurs, si le président du Paraguay n'avait pas compté sur l'énergie des habitans, ce n'est pas sans folie qu'il eût osé braver le Brésil. En admettant avec la statistique officielle que la population totale du pays s'élève à près d'un million et demi d'habitans, quelle force de cohésion n'a-t-il pas fallu à cette petite nation pour qu'elle ait pu résister si heureusement aux armées impériales du Brésil et à leurs alliés de Buenos-Ayres et de Montevideo! Non-seulement une grande partie des hommes valides.ont dû prendre les armes, mais, le Paraguay étant complétement bloqué et n'ayant aucune communication possible avec l'extérieur, ce sont aussi des habitans du pays qui ont dû construire les batteries flottantes et les bateaux à vapeur, réparer les vaisseaux endommagés, fondre les canons, fabriquer les armes, les munitions de guerre et les uniformes; enfin, quelque sobres que l'on suppose les descendans des anciens Guaranis, il leur faut cependant manger, et par conséquent ceux qui ne sont pas enrôlés ou bien employés directement aux travaux militaires doivent s'occuper de la culture et du transport des produits. Tandis que le Brésil disposait naguère par ses emprunts des capitaux de l'Europe et de toutes les ressources que lui donne le commerce, le Paraguay doit trouver chez lui tous ses moyens de défense. Si la population de ce petit pays n'était vraiment que de 4 à 500,000 âmes, ainsi que le pensent M. Martin de Moussy et d'autres voyageurs, on ne saurait alors trop admirer le patriotisme qui a pu réaliser de pareils prodiges. Ce n'est point en obéissant servilement à un despote qu'un peuple pourrait défendre son indépendance nationale contre un empire vingt fois plus populeux et disposant en outre des forces de deux alliés : pour triompher dans un pareil danger, il faut que chacun compte sur soi-même, sur son courage, son indomptable ténacité, son esprit de sacrifice. Lorsque le corps brésilien du baron de Porto-Alegre fit mine d'envahir le territoire paraguayen par le bourg d'Itapua au sud-est de la république, les habitans de tout le territoire compris entre le Parana et le Rio-Tebicuari ont mis euxmêmes le feu à leurs demeures et se sont éloignés en masse avec leurs bestiaux, afin que l'ennemi eût à traverser un désert, s'il tentait de marcher par ce chemin sur l'Assomption. De même en 1854, lorsque l'amiral brésilien Ferreira de Oliveira vint menacer l'indépendance du pays, que les canons d'Humayta, alors simple fortin, ne défendaient que faiblement, les habitans s'empressèrent de dévaster leurs campagnes de la rive gauche du fleuve, entre Tres-Bocas et la capitale.

Un peuple, si petit qu'il soit, est bien fort pour la résistance, surtout quand il est, comme celui du Paraguay, environné de solitudes et protégé par une ceinture de rivières et de marais. Quoique la guerre ait souvent des hasards imprévus, il est donc probable que la nationalité guaranie saura se maintenir intacte dans ce grand péril, et que les alliés devront conclure la paix avant d'avoir mis le siége devant l'Assomption, ou peut-être même après avoir été refoulés jusque sur le territoire brésilien du Rio-Grande. Ce qui doit surtout encourager les soldats de Lopez dans une lutte désespérée, ce sont les clauses, naguère secrètes, du traité d'alliance qui ont été révélées par l'un des signataires et communiquées officiellement aux chambres anglaises. Les Paraguayens savent qu'en vertu de ces clauses ils sont destinés à perdre les deux tiers de leur territoire, à recevoir des mains du général Mitre et du plénipotentiaire brésilien un gouvernement tout fait, à subir enfin les ignominies et les horreurs du pillage. Qui leur dit qu'eux-mêmes ne seront pas compris dans les articles du butin, comme l'ont été un grand nombre de leurs frères faits prisonniers à l'Uruguayana, et forcés de servir soit comme esclaves dans les plantations, soit comme soldats dans l'armée du Brésil?

L'épuisement des alliés est évident. La Bande-Orientale n'envoie plus de soldats, les provinces intérieures de la république argentine se refusent à prendre la moindre part à la guerre, la ville de Buenos-Ayres, qui a perdu des milliers de ses enfans, demande la paix à grands cris et s'indigne qu'on laisse ses campagnes exposées aux incursions des Indiens tandis que la garde civile va guerroyer contre un peuple frère (1), enfin le Brésil lui-même en vient à douter du succès final en voyant que les hommes et l'argent commencent à lui manquer. Le recrutement de prétendus volontaires, qu'on amène parfois au camp en jaquettes de force, ne suffit plus à remplir les cadres d'une armée qui devrait être d'au moins 50,000 hommes, les mulâtres libres qu'on veut enrôler résistent en beaucoup d'endroits avec succès, et l'on parle déjà d'une ressource désespérée, l'armement des esclaves. Le crédit financier de l'empire est singulièrement ébranlé par toutes les crises politiques et commerciales qu'il a subies. En 1864, avant que la guerre n'eût éclaté, le gouvernement brésilien devait soit aux prêteurs étrangers, soit à ses nationaux, plus de 625 millions de francs, et, dès que la lutte eut commencé, cette dette, déjà si lourde pour un état faiblement peuplé, s'est augmentée avec une rapidité effrayante. Les capitalistes anglais, dont il fallut implorer l'aide au commencement de l'année 1865, n'ont voulu prêter que la somme de 91 millions de francs pour une reconnaissance de 125 millions. Si le cabinet de Saint-Christophe se hasardait maintenant à un nouvel appel aux capitaux de l'Europe, on lui poserait des conditions bien autrement dures, car depuis l'entrée des Brésiliens dans Montevideo c'est par centaines de millions qu'il faut évaluer le déficit causé par l'achat des navires cuirassés et des canons, l'entretien d'une grande armée, les subventions de guerre accordées aux alliés faméliques de la Plata et les malversations des fournisseurs et des intermédiaires de toute sorte. Déjà la banque du Brésil, dont le papier se dépréciait

(1) Le manque de soldats est tel que, d'après un discours prononcé par M. Frias en plein sénat de Buenos-Ayres, le gouvernement viderait maintenant les prisons pour envoyer les détenus à la bataille.

de jour en jour par suite de trop fortes émissions et de la grande quantité de mauvaises valeurs qui emplissaient son portefeuille, s'est vu interdire par les chambres le droit de fabriquer de nouveaux billets. Les bons du trésor, émis pour faire face aux énormes frais de la guerre, vont se déprécier à leur tour, et le Brésil aura fait vers la banqueroute une nouvelle et périlleuse étape. Son crédit est tombé si bas que même les actions des voies ferrées, pour lesquelles le gouvernement a garanti un intérêt annuel de 7 pour 100, se négocient de beaucoup au-dessous du pair. Rio-de-Janèiro devrait pourtant se laisser éclairer par l'exemple de son alliée Buenos-Ayres, qui a dû subir l'humiliation de ne pas trouver une livre sterling sur la place de Londres, et dont le papier est au cours de 2,600 pour 100 relativement à l'or.

La guerre n'est pas seulement désastreuse pour les finances du Brésil, elle met aussi en danger la stabilité de l'empire en augmentant la divergence d'intérêts qui existe entre le nord et le sud du pays. Ce sont les grands propriétaires des provinces méridionales qui ont amené cette lutte : poussés par la rivalité traditionnelle qui les anime contre leurs voisins d'origine espagnole et par l'amour des aventures et des combats qui distingua toujours leur race, désireux de conquérir un territoire fertile où ils pourraient obtenir en abondance des vivres qui leur font défaut et qu'ils font venir en partie des États-Unis et de l'Europe, irrités surtout de l'étrange prétention qu'avaient les républiques limitrophes de vouloir donner asile aux esclaves fugitifs, servis d'ailleurs par les ambitions du gouvernement de Rio-de-Janeiro, les *fazendeiros* du Rio-Grande n'ont pas eu de peine à inventer des griefs contre la Bande-Orientale, et les déplorables dissensions de cette république leur ont donné l'occasion d'intervenir. Tant que les classes gouvernantes du nord de l'empire ont cru que la guerre serait un simple jeu, et qu'en un petit nombre de semaines leurs soldats vainqueurs seraient entrés triomphalement à Montevideo et à l'Assomption, elles ont épousé avec plaisir la cause de leurs compatriotes du sud; mais leurs premières illusions ont fini par s'évanouir, et maintenant elles voient avec effroi ce que leur a coûté cette complicité. Aussi n'est-il pas étonnant qu'à Bahia, à Pernambuco, dans toutes les provinces du nord, négocians et planteurs, dont le courant d'affaires est en entier dirigé vers l'Europe et les États-Unis, se demandent avec impatience quand donc finira cette interminable guerre, qui les ruine sans leur apporter le moindre profit en échange. Il y a dans cette situation les élémens de graves dissensions entre les diverses parties de l'empire; des comités de salut public et de résistance à la guerre se forment dans les villes du nord, et les mouvemens insurrectionnels, jadis si difficilement comprimés à Pernambuco, menacent de se renouveler. Qu'on n'en doute pas, un jour ou l'autre il faudra que le Brésil paie la redoutable rançon de l'esclavage.

Les péripéties de la lutte ont eu pour conséquence d'unir le Paraguay aux républiques voisines en lui donnant des intérêts pressans communs avec les leurs. Lorsque l'avant-garde du général Lopez occupa la ville et la province de Corrientes, c'est le drapeau provincial qui fut hissé sur tous les édifices; des bataillons correntins s'organisèrent, et nombre de chefs argentins et orientaux, tels que les colonels Lopez et Laguna, entrèrent dans l'armée paraguayenne, qu'ils considéraient comme une armée de libérateurs. Il est probable aussi que les récentes insurrections des provinces de Cordova et de Catamarca se rattachent à la cause commune défendue surtout par le Paraguay. D'un autre côté, ce dernier pays s'est aussi rapproché d'une contrée dont le sépare une zone de marais et de déserts jadis infranchissables. Pour la première fois depuis une génération, des envoyés de la Bolivie ont parcouru les plaines en partie noyées qui s'étendent entre le pied des Andes et le cours du fleuve Paraguay, et sont heureusement arrivés à l'Assomption, où ils ont été fêtés avec de grandes démonstrations de joie. D'après un bruit qui a pris une certaine consistance en Amérique, ils auraient même rapporté en Bolivie l'adhésion du président Lopez à la ligue américaine. Quoi qu'il en soit, ils ont du moins ouvert une nouvelle voie à travers les solitudes de l'Amérique, ils ont mis en rapport deux peuples naguère isolés l'un de l'autre et levé le blocus absolu que la flotte et l'armée brésilienne maintenaient autour du Paraguay. C'est maintenant par les Andes et la Mer du Sud que le gouvernement de l'Assomption communique avec le reste du monde.

Un autre fait des plus importans dans l'histoire de l'Amérique du Sud, c'est que les républiques andines, débarrassées de leurs difficultés immédiates avec l'Espagne, tournent maintenant leur attention vers le Paraguay et prennent contre l'empire brésilien une ferme attitude. Au milieu de ses plus graves embarras politiques, le Chili, croyant avoir à se plaindre des gouvernemens alliés, rappelait avec éclat son ambassadeur accrédité à Montevideo. Depuis cette époque, l'autorité morale que les insuccès des amiraux Pareja et Nuñez ont donnée aux républiques occidentales de l'Amérique du Sud a naturellement rendu le Brésil très désireux de ne pas rompre avec ces états; mais ceux-ci, devenus forts par leur entente, n'en précisent pas moins leur politique en faveur du Paraguay. Ils ont d'abord offert leur médiation; mais, lorsqu'ils ont connu les clauses secrètes du traité du 1er mai, ils ont remplacé leurs offres amicales par une protestation solennelle, faite en leur propre nom et au nom de tous les états libres du Nouveau-Monde. Dans une longue dépêche en date du 9 juillet, ils déclarent ne pouvoir assister silencieusement à la violation du droit et à la rupture de l'équilibre américain, ils reconnaissent la solidarité de leurs intérêts avec ceux du Paraguay, et voient dans chaque atteinte portée à l'indépendance de cette république un coup dirigé contre eux-mêmes, une diminution de leur force morale, une humiliation pour les principes qu'ils représentent. Ils assimilent l'intervention du Brésil dans les affaires de ses voisins à celle des Français au Mexique et à la conduite de l'Espagne envers ses anciennes colonies. Enfin, après avoir affirmé qu'ils n'auront point la honte de laisser le Brésil changer le Paraguay en une Pologne américaine, ils annoncent que les nations du Pacifique ont pris à tâche « de rendre leur ligue permanente, précisément afin de garantir et d'assurer à jamais l'indépendance et la souveraineté de tous les peuples d'Amérique. » Ce fier langage produit sur les bords de la Plata une émotion d'autant plus grande qu'il traduit en termes dignes et mesurés les sentimens d'irritation qui règnent dans le peuple. Les journaux avancés ne parlent maintenant de rien moins que de déclarer immédiatement la guerre au Brésil et de la continuer sans trêve ni repos tant que l'esclavage ne sera pas aboli, et l'empire transformé en république fédérale.

La protestation des républiques andines est un événement qui a sa gravité, car il rattache d'une manière définitive le Paraguay aux autres états hispano-américains, et contribuera pour une forte part à faire cesser ce funeste isolement national dont le gouvernement de l'Assomption ne veut plus depuis longtemps, mais qui lui était en grande partie imposé par les conditions géographiques du pays et par les incessantes guerres civiles des populations de la Plata. D'ailleurs le Paraguay lui-même travaille, plus énergiquement encore que ne l'a fait aucune autre république du sud, à la fusion des intérêts et de la politique entre les peuples latins, puisqu'il défend en ce moment non-seulement sa cause, mais aussi celle de tous les riverains du Paraguay et de ses affluens. En déclarant la guerre au Brésil, le président Lopez a parfaitement compris que les destinées de son pays sont indissolublement liées à celles des autres contrées de la Plata, et de cette manière il a indiqué aux républiques andines la politique de solidarité qu'elles avaient à suivre. Redoutant avec raison le voisinage d'une puissance envahissante comme le Brésil, il a senti que, s'il laissait les impériaux s'établir paisiblement à l'entrée des fleuves, c'en était fait, pour tous les états de l'intérieur, de leur ancienne autonomie. Par ce temps d'annexions violentes, il eût été vraiment naïf de permettre aux ennemis traditionnels des Guaranis et des Espagnols de s'établir à la fois en aval et en amont de l'Assomption, et de rétrécir ainsi le cercle fatal dans lequel la petite république devait être étouffée. À l'isolement volontaire d'autrefois eût succédé d'abord l'isolement forcé, puis la conquête.

Ainsi tout annonce que, si le Paraguay échappe à « l'anéantissement » décrété par les généraux brésiliens, il vivra pour se rapprocher définitivement des autres républiques non-seulement par les liens du commerce, mais aussi par une alliance intime de politique et de principes, et servira peut-être même à former le noyau d'une nouvelle confédération comprenant Entre-Rios, Corrientes et la Bande-Orientale. Un pareil événement serait l'un des plus considérables de tous ceux qui se sont accomplis dans le continent colombien, car il constaterait enfin la participation d'une nation presque purement indienne de race aux grands événemens de l'histoire contemporaine, et nul ne pourrait désormais prétendre que les seuls Caucasiens ont le privilége de travailler aux progrès de la justice et de la liberté. Ce sont les fils des Guaranis qui, dans cette lutte suscitée par les propriétaires d'esclaves, ont pris en main la cause de la république envahie, ce sont eux qui ont maintenu contre les ambitions de l'empire voisin le principe de la libre ouverture des rivières; ils ont fait de leur pays, tout petit qu'il est, le puissant boulevard des états hispano-américains contre la monarchie esclavagiste du Brésil, et de cette façon ils n'ont pas été moins utiles à la cause commune des peuples colombiens que ne l'ont été le Chili, le Pérou et la république dominicaine en résistant aux agressions et aux ordres humilians de l'Espagne. Tout fait présager que les agrandissemens du Brésil trouveront désormais leur limite au pied des murs d'Humayta, et si ces prévisions se réalisent, c'est à l'héroïque résistance du Paraguay que les Américains d'origine espagnole devront en grande partie d'avoir retrouvé leur équilibre politique. Assurés contre toute intervention efficace des puissances européennes, ils le seront aussi contre les ambitions de l'empire qui les avoisine.

III.

Nombre d'hommes politiques semblent craindre pour les états espagnols de l'Amérique du Sud un adversaire encore plus puissant que le Brésil ou l'Espagne, et se figurent que les événemens des cinq dernières années auront pour résultat de livrer irrémissiblement tous les pays du continent à la grande république anglosaxonne du nord. Quant au sort du Mexique, il ne fait pour eux l'objet d'aucun doute. Ils assurent qu'aussitôt après la retraite des troupes françaises les belles contrées de l'Anahuac deviendront la proie de leurs envahissans voisins, comme le furent naguère le Texas, la Californie et le territoire connu sous le nom de Nouveau-

Mexique. Ces craintes auraient peut-être eu quelque fondement avant la récente guerre d'émancipation, mais actuellement elles sont chimériques, car la politique américaine a dû se transformer complétement. Il ne faut point oublier que l'annexion du Texas et la conquête d'une moitié du territoire mexicain se firent jadis à l'instigation du parti des planteurs, qui dirigeait alors la politique des États-Unis, et qui depuis s'est suicidé en provoquant la terrible lutte des états libres contre les états à esclaves. Les populations du nord, qu'on entraîna contre leur gré dans la déplorable guerre de 1846 contre le Mexique ne demandent qu'à rester en paix avec les états voisins et à s'occuper sans interruption de développer leur commerce et leur industrie.

Loin de pouvoir s'assimiler facilement les nations étrangères, les Américains, qui sous ce rapport ressemblent à leurs ancêtres d'Angleterre, sont au contraire un des peuples qui savent le moins s'associer avec les races différentes de la leur. Audacieux et persévérans, ils marchent en droite ligne vers leur but sans trop se soucier d'autrui, et ne s'attardent pas à comprendre les idées et la manière de penser des étrangers avec lesquels ils se trouvent en contact. Depuis plus de deux siècles, ils habitent le même territoire que les Indiens, mais au lieu de chercher en eux des alliés et de les amener graduellement à leur niveau intellectuel et moral par des entreprises communes et le croisement des races, ils n'ont guère su que repousser ces pauvres aborigènes dans les déserts de l'ouest. Le nombre des peaux-rouges a graduellement diminué des deux cinquièmes. Le massacre des guerriers, les maladies qu'avaient apportées les blancs, l'oisiveté forcée des tribus de chasseurs auxquelles on achetait leurs forêts, enfin le sombre ennui qui s'empare de ces hommes autrefois libres et fiers, ont réduit la population aborigène de plus de 200,000 sur un demi-million qui peuplaient les Alleghanys et les plaines du Mississipi lors de l'arrivée des visages pâles. A peine 30,000 Indiens vivant dans les diverses parties de l'Union sont-ils maintenant comptés parmi les citoyens et peuvent-ils espérer que leur postérité se fondra dans la masse du peuple américain. Dans l'ouest, les métis sont très peu nombreux. On sait que les trappeurs français et canadiens, qui sont pourtant un bien faible élément de population comparés aux Américains de race anglo-saxonne, ont beaucoup plus contribué que ceux-ci au croisement des races et à la création de familles autochthones tenant à la fois du peau-rouge et du blanc.

D'ailleurs, pour se rendre compte de la puissance d'assimilation qu'aurait le peuple américain, s'il devait tout à coup associer à ses destinées une république hispano-indienne comme le Mexique ou le Venezuela, il suffit de voir combien faible a été son influence dans le territoire du Nouveau-Mexique, obtenu par conquête en 1847. Parmi les pays annexés, ce territoire était le seul dont la population mexicaine fût relativement considérable. Environ 70,000 habitans, cultivateurs pour la plupart, habitaient les rives du Rio-Bravo et du Rio-Pecos. Grâce à la tranquillité dont il a joui depuis dix-huit années, ce petit groupe de population s'est accru, et compte maintenant plus de 100,000 âmes; mais, en dépit des institutions américaines qu'il a reçues, il n'a changé que bien peu de chose à ses mœurs d'autrefois. Assez nombreux pour se donner une constitution d'état comme le Colorado, le Kansas et les autres territoires voisins, ces hommes d'origine espagnole restent sans trop se plaindre dans une position politique subordonnée. De leur côté, les Américains du nord, qui se portent en foule vers la Californie, le Colorado, le Texas, se dirigent rarement vers le Nouveau-Mexique, qui possède cependant d'immenses richesses minières et de belles vallées irrigables. On dirait qu'il existe une sorte de répulsion entre les deux peuples. La même opposition se retrouve d'ailleurs en Louisiane entre les Anglo-Saxons et les créoles français. En dépit de l'immense mouvement des affaires qui affluent de toutes parts à la Nouvelle-Orléans, cette porte méridionale de la république, et qui a pour conséquence de mélanger incessamment les relations, les intérêts et les familles, les Américains n'ont pu, en l'espace de soixante années, assimiler complétement à leur race les 60,000 créoles blancs de cette ancienne colonie française.

Combien plus grandes seraient les difficultés d'une fusion entre les diverses populations de la république, si les États-Unis devaient un jour s'annexer le Mexique ou toute autre contrée hispano-américaine! Il est possible que par suite d'une très forte émigration de mineurs californiens dans les états si riches en veines métalliques de la Sonora, du Chihuahua, du Sinaloa, la majorité des habitans devienne anglo-saxonne, et que ces contrées, aujourd'hui presque désertes, aient alors un intérêt direct à se rattacher à la république voisine; mais il en sera toujours autrement dans les contrées centrales du Mexique, où de 6 à 7 millions d'hommes, d'origine indienne ou espagnole, forment un ensemble compacte. Quelque nombreux que soient les colons, ils ne pourront jamais, dans l'état d'infériorité où les mettront l'ignorance de la langue, les préjugés nationaux et les difficultés de l'acclimatation, exercer une influence prépondérante sur la nation qui les accueille. Au contraire ce sont eux qui, devenus citoyens du pays, finiront par se plier à leur nouvelle position pour se faire Mexicains. Dans toutes les républiques du sud, les seuls étrangers qui s'empressent de se faire naturaliser sont les Américains du nord. Pleins de bon sens pratique, ils prennent immédiatement les intérêts de leur nouvelle patrie, et par cela même renoncent politiquement au pays de leur naissance.

Une conquête de vive force tentée par les États-Unis n'est point à craindre non plus, car si les Anglo-Américains peuvent être considérés comme invincibles dans une guerre défensive, leur organisation sociale, leurs mœurs et leurs traditions leur défendent heureusement toute guerre d'attaque. Ils craignent à bon droit les armées permanentes et savent parfaitement que, pour contenir une nation ennemie de plusieurs millions d'hommes, ils seraient obligés de se donner à eux-mêmes un pouvoir central plus despotique. Ils perdraient leurs libertés en proportion de la tyrannie qu'ils exerceraient ailleurs. Pourquoi s'exposeraient-ils à tous ces dangers et au risque d'être entraînés par les partis dans une série de dissensions intestines et d'aventures politiques, alors que par une simple neutralité et des traités de commerce ils peuvent profiter sans peine de toutes les richesses des républiques voisines? Quant à l'union volontaire des états mexicains ou de tout autre pays de l'Amérique espagnole avec les États-Unis, elle offrirait à certains points de vue de grands avantages; mais jusqu'à présent aucun indice n'autorise à croire que cette union devienne possible. Les Hispano-Américains diffèrent de leurs voisins du nord par l'origine, le langage, les mœurs, l'esprit national : ils représentent un génie distinct, et conservent encore à l'égard des *Yankees* un reste de la méfiance causée par ces anciennes expéditions de flibustiers qu'avaient organisées les esclavagistes.

On ne saurait, en parlant des futurs agrandissemens de l'Union américaine, établir de comparaison entre le Mexique et les colonies anglaises du Saint-Laurent, notamment le Haut-Canada. Dans ce dernier pays, les populations sont d'origine anglo-saxonne ou irlandaise comme celles des états situés de l'autre côté des lacs, elles ne se rattachent guère à la métropole que par des fictions constitutionnelles, enfin elles gravitent de plus en plus vers les États-Unis par l'attraction des intérêts commerciaux et industriels; au point de vue géographique, on peut même considérer la région comprise entre le lac Huron, le lac Érie et le lac Ontario comme une enclave des États-Unis, car cette partie du Canada, presque entourée d'eau et de glace pendant les mois d'hiver, n'a de débouchés que par le territoire de l'Union. Aucune de ces raisons, qui rendent probable l'entrée future du Canada dans la grande fédération anglo-américaine, n'existe pour les républiques du sud. Celles-ci forment en toutes choses, si ce n'est pour leur idéal de gouvernement populaire, un contraste absolu avec les états de l'Amérique du Nord.

La différence des deux races au point de vue ethnologique est beaucoup plus grande en réalité qu'elle ne le paraît au premier abord. Non-seulement les ancêtres européens des Américains du nord et des Colombiens du sud étaient de souches distinctes, mais encore les contrastes se sont accrus par le croisement des colons espagnols avec les Indiens et les nègres. Tant que les fiers Anglo-Saxons refuseront de s'allier avec ces races méprisées, tant que le peau-rouge ne sera qu'un triste fugitif dans les prairies de l'ouest, tant que le noir ne sera qu'un affranchi auquel on contestera même ses titres à la liberté civile, le Mexicain, descendant des Aztèques, et le Cubanais, petit-fils du Mandingue ou du Malgache, éprouveront une répugnance instinctive bien naturelle à faire partie de la même confédération que les blancs orgueilleux de l'Union américaine. Avant que les populations des États-Unis songent à l'annexion des républiques ou des colonies espagnoles, il faut qu'ils s'assimilent les 4 ou 5 millions d'hommes de couleur qui se trouvent déjà sur leur territoire. Il existe encore dans l'Union un parti très considérable pour lequel l'incapacité politique et morale du nègre est une sorte de dogme, et qui professe que cet être inférieur est destiné à disparaître bientôt devant le Caucasien. On comprend que les métis et les mulâtres des républiques du sud tiennent peu à se laisser conquérir ou absorber par un grand peuple chez lequel de pareils principes sont le programme de tout un parti.

D'ailleurs l'appui que les États-Unis ont donné aux républiques espagnoles menacées dans leur existence n'a point été tellement efficace que celles-ci soient tenues à une gratitude bien profonde. Dans les commencemens de la guerre de l'Uruguay, le cabinet de Washington semble avoir fait, il est vrai, quelques représentations amicales aux gouvernemens de Rio de Janeiro et de Buenos-Ayres pour les détourner d'une politique contraire à ses intérêts dans les régions de la Plata, il a même refusé de donner l'exéquatur au consul nommé par le général Florès, parce qu'il ne voit pas dans ce président à la solde du Brésil un élu du suffrage populaire; mais en d'autres circonstances MM. Johnson et Seward ont tenu à dessein un langage tellement ambigu qu'on ne peut savoir, à vrai dire, quel en est le véritable sens, et que les Brésiliens comme les Paraguayens y ont vu l'approbation de leur politique. A Santiago et à Lima, la diplomatie des États-Unis a été plus nette et plus américaine en apparence; mais tandis que le général Kilpatrick prenait une attitude presque hostile à l'Espagne, M. Seward de son côté rassurait cette puissance, et déclarait, dit-on, que la doctrine de Monroe est dirigée seulement contre deux puissances de l'Europe, la France et l'Angleterre. Lors du bombardement de Valparaiso, le commodore Rodgers donna en langage vulgaire, mais expressif, la raison qui l'empêchait de s'opposer par la force à l'acte barbare commis par l'amiral Nuñez. « Je ne voulais pas, dit-il en faisant allusion aux nombreuses marchandises d'Europe entassées dans les entrepôts de la douane, je ne voulais pas tirer les marrons du feu pour le compte de l'Angleterre et de la France. » Il se figurait naïvement que les plus graves intérêts engagés dans la guerre de l'Espagne et du Chili étaient ceux des marchands, et ne comprenait pas qu'il importait avant tout de maintenir dans son intégrité l'honneur d'un état jouissant des mêmes institutions que l'Union américaine. Il voyait dans cette affaire une simple question de *doit* et *avoir* pour les expéditeurs anglais, tandis qu'il s'agissait en réalité de la cause commune des républiques du Nouveau-Monde.

Il est vrai que le gouvernement américain a vu d'un œil beaucoup plus jaloux l'intervention de la France dans les affaires intérieures du Mexique; mais il ne faut pas oublier qu'il a lui-même des intérêts de premier ordre à maintenir dans son voisinage une république ayant, en théorie du moins, les mêmes institutions que les États-Unis. Il ne peut en effet sans la plus grande appréhension voir s'établir à ses côtés un empire fortement centralisé, qui servirait de point d'appui aux puissances européennes dans toutes les questions internationales relatives à l'Amérique, et qui tiendrait constamment l'Union sur le qui-vive. Comprenant parfaitement que la consolidation du trône de Maximilien aurait pour conséquence nécessaire de mettre les États-Unis au régime des armées permanentes et des budgets en déficit, le gouvernement de Washington a fait tous ses efforts pour prévenir ce danger sans effusion de sang, et les événemens actuels prouvent qu'il a réussi dans cette question vitale pour son avenir. Ce n'est point l'indépendance du peuple mexicain, en général fort méprisé par les Américains du nord, mais ce sont bien plutôt les intérêts immédiats de l'Union qui ont donné une telle énergie à l'intervention diplomatique du cabinet de Washington en faveur de son allié Juarès.

Du reste M. Seward, qui pendant son ministère a prononcé tant de discours et rédigé de si nombreuses dépêches, s'est chargé lui-même d'exposer nettement sa politique à l'égard des autres états du Nouveau-Monde. Dans un discours adressé au représentant de Saint-Domingue, ce diplomate compare sa patrie, la grande république du nord, à un palais immense. Au-dessus de l'édifice s'arrondissent les coupoles et se dressent les tours : le regard suit avec admiration les lignes harmonieuses du monument superbe, mais il s'arrête à peine sur les modestes bâtimens qui servent de contre-forts au massif central et en assurent la durée. Les constructions latérales sont les petites républiques espagnoles voisines du groupe puissant des états anglo-saxons; elles sont comme autant de bastions avancés qui défendent l'entrée de la citadelle. Rien de plus juste à un certain point de vue : sans nul doute, les institutions républicaines de l'Amérique du Nord auront d'autant moins de dangers à courir qu'un plus grand nombre d'états jouissant d'institutions semblables entoureront la grande fédération centrale; mais en s'arrêtant à cette manière purement anglo-américaine d'envisager les choses, les politiques *yankees* ne verront jamais que les intérêts particuliers de leur pays dans les affaires des autres états du continent, et par suite ils prendront fort peu de souci des événemens qui se passent dans les républiques éloignées, sans relations nombreuses avec l'Amérique du Nord. En effet, le cabinet de Washington, si chatouilleux quand il s'agissait du Mexique, a pris une attitude à peu près indifférente à l'égard du Paraguay et du Chili.

Cette politique de non-intervention absolue, que d'ailleurs il ne s'agit pas de juger ici, laisse donc les nations hispano-américaines dégagées des liens de la reconnaissance envers les États-Unis et par conséquent tout à fait maîtresses de leurs destinées. Elles n'ont qu'à suivre leur voie et à chercher leur idéal, sans trop s'inquiéter de savoir si elles contribuent par leurs progrès à la consolidation de la grande république du nord. C'est en elles-mêmes qu'elles trouveront les élémens nécessaires pour le développement de leur puissance et de leur prospérité. Déjà plusieurs d'entre elles, même isolées, font une assez respectable figure dans le monde, et, toute proportion gardée, elles n'ont guère progressé moins rapidement que les États-Unis. Depuis 1810, époque à laquelle les colonies commencèrent à secouer le joug de l'Espagne, la population totale s'est beaucoup plus que doublée, puisque l'accroissement probable a porté le nombre des habitans de 11 à 26 millions, et cependant les immigrans d'Europe ont été relativement bien peu nombreux. Le commerce extérieur de l'Amérique du Sud, nul pour ainsi dire au lendemain de la guerre de l'indépendance, est actuellement de près d'un milliard, et dans certaines républiques il dépasse même par tête de citoyen le commerce extérieur des États-Unis et celui de la France. De nouvelles cités ont été fondées, de grandes routes ont été ouvertes, les locomotives font leur apparition dans les pampas, les forêts vierges et les vallées des Andes. A l'exception de la Bolivie, de l'Équateur et des petits états de l'Amérique centrale, il n'est pas un seul pays espagnol qui n'ait déjà son commencement de réseau ferré.

Quant aux progrès intellectuels et moraux de ces jeunes états, ils ne sont pas moins incontestables que les progrès matériels. Bien qu'on affecte souvent de parler avec une sorte de commisération des jeunes républiques hispano-américaines et de voir en elles des sociétés condamnées à retomber dans la barbarie, il n'en est pas moins vrai que l'instruction se répand de jour en jour dans les populations de cette partie du Nouveau-Monde. Les journaux, jouissant de la plus entière liberté dans presque tous ces pays, sont au nombre de plusieurs milliers; les bibliothèques, les écoles se multiplient, et déjà quelques-uns des états américains comptent parmi leurs citoyens une plus forte proportion de personnes sachant lire et écrire qu'il n'en existe dans les contrées de l'Europe occidentale, l'Espagne, la France et l'Angleterre : au Paraguay notamment, il est à peine un descendant des anciens Guaranis qui ne sache signer son nom. Les populations d'origine colombienne se distinguent par une intelligence ouverte, et peuvent s'assimiler toute nouvelle idée avec une singulière prestesse. Quelles que soient les causes de cette facilité qui nous étonne, — le mélange de races, les avantages du climat et l'abondance des produits, la fréquence des voyages, ou bien encore les habitudes de liberté et la contemplation des grands horizons de la nature, — il est certain qu'on ne rencontre guère dans l'Amérique espagnole de ces exemples de crasse ignorance si nombreux dans les foules européennes : le voyageur reste confondu quand il voit combien le *vaquero* des solitudes américaines est supérieur en intelligence et en dignité au rustre de nos campagnes.

Ce n'est point que l'état social de ces peuples en formation du Nouveau-Monde ne laisse encore beaucoup à désirer. Au contraire, il est bien des causes qui doivent forcément retarder la marche de ces jeunes républiques. La superstition et les vaines pratiques religieuses ne cèdent que lentement à l'influence de l'éducation populaire; les femmes, abandonnées à leur ignorance et à leurs futilités, ne sont guère respectées dans leur dignité d'êtres moraux, et par suite les mœurs sont en général très relâchées; si l'esclavage des noirs est aboli depuis longtemps, il existe encore dans plusieurs républiques une sorte de servage qui retient fatalement les Indiens en dehors de toute civilisation. Enfin les guerres civiles éclatent souvent entre les diverses républiques sœurs ou même entre deux partis d'un seul état, des ambitions rivales se disputent le pouvoir, et des milliers de jeunes gens avides de dépenser leur force, comme l'étaient autrefois les citoyens remuans des républiques grecques, sont toujours prêts à se jeter joyeusement dans la mêlée. Ces petites révolutions locales, ces dissensions d'un jour, que viennent envenimer parfois les agressions du dehors, sont les faits qui choquent le plus nos sociétés européennes, accoutumées aux guerres stratégiques et aux massacres en grand; mais cet état de choses ne peut manquer de disparaître graduellement, comme il a déjà disparu au Chili, par suite des progrès de toute sorte et de la solidarité des intérêts commerciaux et politiques. D'ailleurs la création d'une grande ligue américaine, si heureusement inaugurée par les états andins, contribuera certainement pour une forte part à prévenir les insurrections et les luttes en introduisant la pratique de l'arbitrage dans tous les différends. Déjà les républiques de la Bolivie et du Chili, qui toutes les deux prétendaient à la possession du gisement de guano de Mejillones, et qui se préparaient à une guerre à outrance, ont accepté la médiation du Pérou, et se sont pleinement réconciliées. Ce premier succès du conseil des amphictyons américains est d'un heureux augure pour les destinées des républiques espagnoles. Leur protestation solennelle contre l'envahissement du Paraguay par les troupes brésiliennes n'est pas un événement de moindre importance.

Les progrès futurs des états sud-américains révéleront à la fois la ressemblance et le contraste qui existe au point de vuè historique, de même qu'au point de vue géographique, entre la partie du continent habitée par les Anglo-Saxons et les contrées du Nouveau-Monde peuplées d'Hispano-Indiens. Dans les pays du nord, le climat est plus dur, le sol est moins fertile, le labeur est plus rude, et l'homme est plus énergique, plus tenace, plus vigoureusement trempé. Dans les régions du sud, le climat, qu'il soit chaud ou tempéré, est toujours plus égal qu'aux États-Unis, la terre y est en moyenne beaucoup plus riche, la végétation plus abondante, la vie plus facile; mais le « fils du pays » est en même temps plus passionné, plus capricieux, plus changeant que le *Yankee*, il résiste beaucoup moins à l'influence du milieu qui l'entoure. Toutefois, s'il n'a pas la vigueur de l'Anglo-Saxon du nord, il a quelque chose de moins raide, de plus humain, de plus sympathique. Dans les deux parties du continent, si bien équilibrées par l'harmonie de leur relief et de leurs contours, les institutions politiques sont analogues en apparence, mais elles diffèrent par les traits essentiels, puisque les Hispano-Américains, blancs, rouges et noirs, jouissent tous également, sans distinction de races, des mêmes droits civils, politiques et sociaux. Les républiques du sud ont donc à remplir, dans l'histoire future des nations, un rôle non moins beau que celui de leur grande rivale du nord. C'est à elles qu'il incombe d'approprier à la culture et à tous les besoins de l'homme un territoire deux fois plus vaste que l'Europe; ce sont elles qui, par l'heureuse situation de leur continent entre la lourde masse de l'Afrique et les archipels de l'Océanie, ont pour mission spéciale de faciliter la complète fusion des races, déjà commencée sur leur propre sol; ce sont elles enfin qui se sont donné pour idéal politique de former une ligue permanente et de plus en plus intime entre toutes les populations d'un continent. Tandis que dans la vieille Europe on érige en loi providentielle de l'avenir l'absorption des petits états par les grands royaumes, les républiques du Nouveau-Monde posent un autre principe, plus conforme à la justice, celui de la fédération entre peuples libres.

ÉLISÉE RECLUS.